朝、目覚めると、戦争が始まっていました

朝、目覚めると、戦争が始まっていました

ラジオニュース（午前七時）

臨時ニュースを申し上げます、臨時ニュースを申し上げます、臨時ニュースを申し上げます。

大本営陸海軍部十二月八日午前六時発表、帝国陸海軍は本八日未明西太平洋に於いてアメリカ、イギリス軍と戦闘状態に入れり。

大本営陸海軍部十二月八日午前六時発表、帝国陸海軍は本八日未明西太平洋に於いてアメリカ、イギリス軍と戦闘状態に入れり。

なお今後重要な放送があるかも知れませんから聴衆者の皆様にはどうかラジオのスイッチをお切りにならないようお願いします。

目次

ラジオニュース（午前七時）……1
吉本隆明 思想家 17歳……10
鶴見俊輔 思想家 19歳……12
黒田三郎 詩人 22歳……14
加藤周一 評論家 22歳……16
ピストン堀口 ボクサー 27歳……18
新美南吉 児童文学作家 28歳……20
岡本太郎 芸術家 30歳……22
ラジオニュース（午前十二時・東条英機首相演説）……25
野口冨士男 作家 30歳……26
保田與重郎 作家 31歳……28
竹内好 中国文学者 31歳……30
埴谷雄高 思想家 31歳……32
中島敦 作家 32歳……34

火野葦平　作家　34歳……36
高見順　作家　34歳……38
ラジオニュース（午前十二時三十分①）……41
亀井勝一郎　作家　34歳……42
坂口安吾　作家　35歳……44
伊藤整　作家　36歳……46
神山茂夫　社会運動家　36歳……48
木山捷平　作家　37歳……50
阿部六郎　ドイツ文学者　37歳……52
山本周五郎　作家　38歳……54
ラジオニュース（午前十二時三十分②）……57
古川ロッパ　コメディアン　38歳……58
島木健作　作家　38歳……60
今日出海　作家　38歳……62

中野重治　作家　39歳……64
上林暁　作家　39歳……66
矢部貞治　政治学者　39歳……68
尾崎士郎　作家　43歳……70
ラジオニュース（午後三時）……73
井伏鱒二　作家　43歳……74
横光利一　作家　43歳……76
金子光晴　詩人　45歳……78
獅子文六　作家　48歳……80
河合栄治郎　社会思想家　50歳……82
近衛文麿　元首相　50歳……84
清沢洌　ジャーナリスト　51歳……86
ラジオニュース（午後五時）……89
青野季吉　文芸評論家　51歳……90

木戸幸一　政治家　52歳……92
室生犀星　作家　52歳……94
中江丑吉　思想家　52歳……96
長與善郎　作家　53歳……98
折口信夫　民俗学者　54歳……100
木下杢太郎　詩人　56歳……102
ラジオニュース（午後七時）……105
東條英機　首相　57歳……106
秋田雨雀　劇作家　58歳……108
高村光太郎　詩人　58歳……110
斎藤茂吉　歌人　59歳……112
松岡洋右　元外務大臣　61歳……114
正宗白鳥　作家　62歳……116

ラジオニュース（午後九時）……119
永井荷風　作家　62歳……120
真崎甚三郎　軍人　65歳……122
徳田秋声　作家　69歳……124
鶯亭金升　ジャーナリスト　73歳……126
幸田露伴　作家　74歳……128
徳富蘇峰　ジャーナリスト　78歳……130

「十二月八日」太宰治……132

略歴……148
始まりは、大々的には始まらない　武田砂鉄……154

＊年齢は、開戦当時の満年齢

カバー写真　毎日新聞社提供
「街頭で米英に宣戦布告の新聞を読む市民」

吉本隆明

思想家（17歳）

『吉本隆明が語る戦後55年・5』（三交社）

ものすごく解放感がありました。
パーッと天地が開けたほどの
解放感でした。

鶴見俊輔

思想家（19歳）

『思い出袋』岩波書店

一九四二年三月七日、夕食をとりに大学のわきの食堂に行くと、客がまばらだった。誰も私に注目することもなく、いつものように私はピーマンの肉詰め（スタッフト・ペッパー）を食べて、倹約のためお茶を飲まず、まっすぐ下宿に帰った。

ところがその日、屋根裏まで戻ると、

私の部屋にだれかがいる気配がした。入って見ると、ミドルセックス校以来三年間つきあいのあるチャールズ・ヤングが、ひとりで椅子にすわっていた。

彼は立ちあがって私を迎えた。

「戦争がはじまった。これからお互いを憎むことになるだろうが、私たちがそれを越えることを望みたい。」

私のほうには、彼に対する憎しみが湧いてこなかった。

黒田三郎 詩人（22歳）

『黒田三郎日記　戦中篇3』思潮社

朝日には何ともかいてなかったが、チラリと見た○に日米交渉の決裂を直感した。岩波文庫を買いながら本屋を転々としていると三二郎に逢う。いっしょに郁文堂にはいったとたんにラジオのスピイカアが鳴りはじめた。帝国海軍ハ云々、ハワイ、シンガポオル、ダヴアオ、グワム、ドレイクの各基地を既に我が海空軍の大編隊が爆撃したという。

宣戦の詔書が渙発された。〇時、明治製菓の二階で黙然としてきいていた。

今日みたいにうれしい日はまたとない。うれしいというか何というかとにかく胸の清々しい気持だ。

……宣戦の大詔を三度きき三度よんだ。簿記学校のかえりそば屋の椅子の上で、ホノルルに於いて既に米戦艦二隻を撃沈し戦艦二隻を大破し大型巡洋船四隻を大破したことを知る。ラジオのきこえるところ至るところにひとびとが群れている。夕刊は瞬く間に売れつくした。

加藤周一

評論家（22歳）

『羊の歌』岩波書店

そのとき、学生の一人が、本郷通りで手に入れた新聞の号外を読みあげた。すると私たちの間には、一種のざわめきが波のように拡った。誰かが何かを言ったというのではなく、いわば言葉にならぬ反応が集っておのずから一つの溜息のようなものになったのであろう。私たちは、そのとき太平洋戦争という事実と向き合っていた。

私は周囲の世界が、にわかに、見たこともない風景に変わるのを感じた。

ピストン堀口

ボクサー（27歳）

『ラッシュの王者
拳聖・ピストン堀口伝』
山崎光夫著・文藝春秋

対米英宣戦布告。
昌信の今までのパパ、ママも
今日からお父さん、お母さんに
あらためさせる。

新美南吉

児童文学作家（28歳）

『校定新美南吉全集 第十二巻』大日本図書

いよいよはじまつたかと思つた。何故か體ががくがく慄へた。ばんざあいと大聲で叫びながら駈け出したいやうな衝動も受けた。

岡本太郎

芸術家（30歳）

『太郎誕生 岡本太郎の宇宙2』ちくま学芸文庫

十二月八日の朝、日本が開戦したことを知った。

まさか——私はガク然とした。日本は独伊と同盟を結んでいた。しかしそれは米英などとのさまざまの交渉を有利に展開するためのかけひきであって、強硬なのも結局ポーズだけかと思っていたのに。

もう入隊はきまっている。ああ、オレは間違いなく死ぬんだ。死んでやろう。私ははり裂ける思いで家の外に飛び出した。ふりあおいだ冬空は限りなく青かった。

ラジオニュース（午前十二時・東条英機首相演説）

ただ今、宣戦の御詔勅が渙発せられました。精鋭なる帝国陸海軍は、今や決死の戦いを行いつつあります。東亜全局の平和はこれを念願する帝国のあらゆる努力にもかかわらず、遂に決裂のやむなきに至ったのであります。

過般来、政府はあらゆる手段を尽くし、対米国交調整の成立に努力してまいりましたが、彼は従来の主張を一歩も譲らざるのみならず、かえって英蘭比と連合し、支那より我が陸海軍の無条件全面撤兵、南京政府の否認、日独伊三国条約の破棄を要求し、帝国の一方的譲歩を強要してまいりました。

これに対し帝国は、あくまで平和的妥結の努力を続けてまいりましたが、米国はなんら反省の色を示さず、今日に至りました。もし帝国にして彼らの強要に屈従せんと、帝国の権威を失墜、支那事変の完遂を切り得たるのみならず、遂には帝国の存立をも危殆に陥らしむる結果となるのであります。

事ここに至りましては、帝国は現下の時局を打開し、自存自衛を全うするため、断固として立ちあがるのやむなきに至ったのであります。

野口冨士男

作家（30歳）

「消えた灯――新宿」『いま道のべに』講談社

「お父さん、日本が戦争をはじめたらしいですよ」

いかなる時代になろうとも、私の宵っぱりで朝寝坊という習慣は崩れることがなくて、その日も私は午ごろまで眠っていたが、女房に言われて眼をさました。

「アメリカらしいです」

ひょっとするとノモンハンでの惨敗に報復をしようとしてソ連と開戦したのではないかと考えた私が

敵はどこかと訊くと、私を起さないために隣家のラジオを聴いていただけでよくわからないが、と言いながら女房は答えた。

「じゃ、出かけるから支度をしろ」

私は、それに対して咄嗟に言った。

そういうときの私の頭脳は、どうも他の人と廻転が違うらしい。アメリカと戦闘状態に入ればアメリカ映画はみられなくなるというのが私の考え方で、その日私が妻子をともなってみにいったのは三越新宿店の裏手にあった昭和館で、フィルムは『スミス都へ行く』であった。

保田與重郎

作家（31歳）

「神州不滅」

『文藝』昭和十七年新年号

対米英宣戦の大詔を拝し、皇国の向ふところ、必ず神威発するあるを確信した。さきの三国条約の時と言ひ、此度のことと申し、神命はつねに国際謀略を霧消せしめ、万民草奔の苦衷は必ず大御心の知しめすところ、まことに神州の神州たる所以、神州不滅の原理を感銘し、感動し、遂に慟哭したのである。

竹内好

中国文学者（31歳）

「大東亜戦争と吾等の決意」
『中国文学』昭和十七年一月号

歴史は作られた。世界は一夜にして変貌した。われらは目のあたりにそれを見た。感動に打顫えながら、虹のやうに流れる一すぢの光芒の行衛を見守つた。胸ちにこみ上げてくる、名状しがたいある種の激発するものを感じ取つたのである。

十二月八日、宣戦の大詔が下つた日、日本国民の決意は一つに燃えた。爽かな気持ちであつた。これで安心と誰もが思ひ、口をむすんで歩き、親しげな眼なざしで同胞を眺めあつた。口に出して云ふことは何もなかつた。建国の歴史が一瞬に去来し、それは説明を待つまでもない自明なことであつた。

埴谷雄高

思想家（31歳）

「思索的渇望の世界」
『埴谷雄高作品集　第十五巻』
河出書房新社

……戦争が始まった。そして、その翌朝、ぼくは逮捕された。そのときの直観は、いよいよ殺されるなということですね。……しかし、開戦当時、政府はいい気になっていたのですね。ぼくも留置場のなかで看守から大戦果があがったというような勇ましい話を聞かされて、やっとほっとしましたね。ぼくはまったく新聞報道も知らずに捕まったのですが、これでようやく助かったという気分でした。

中島敦
作家（32歳）

『中島敦全集2』ちくま文庫

十二月八日（月）曇、雨、後晴。

午前七時半タロホホ行のつもりにて支庁に行き始めて日米開戦のことを知る。朝床の中にて爆音を聞きしは、グワムに向いしものなるべし。小田電機にて、其後のニュースを聞く。向いなる陸戦隊本部は既に出動を開始。門前に、少女二人、新聞包の慰問品を持来れるあり、須臾にして、人員、道具類の搬出を終り、公会堂はカラとなりしものの如し。腕章をつけし新聞記者二人、号外を刷りて持来る。ラジオの前に人々蝟集、正午前のニュースによれば、すでに、シンガポール、ハワイ、ホンコン等への爆撃をも行えるものの如し、宣戦の大詔、首相の演説等を聞いて帰る。

火野葦平

作家（34歳）

「荘厳なる感動」
『文学界』昭和十七年二月号

私はラヂオの前で、或る幻想に囚はれた。これは誇張でもなんでもない。神々が東亜の空へ進軍してゆく姿がまざまざと頭のなかに浮んで来た。その足音が聞える思ひであつた。新しい神話の創造が始つた。昔高天原を降り給うた神々が、まつろはぬ者共を平定して、祖国日本の基礎をきづいたやうに、その神話が、今、より大なる規模をもつて、ふたたび始められた。私はラヂオの前で涙ぐんで、しばらく動くことができなかつた。

高見順

作家（34歳）

『高見順日記　第一巻』勁草書房

朝食を取ろうとしていると、
ラジオが日米間の交戦をつたえる。
折から香港の沖合いを航行中。
一同厳粛な表情。

ラジオニュース（午前十二時三十分①）

次はバンコック発同盟至急報。タイ国駐劄の帝国大使館は、昨日午後十一時、日本人の婦人、子どもたちの帰還命令を発しました。そこで婦人、子どもたち三八〇名は直ちにムスイ桟橋に集合、今日明け方乗船し出発しました。

次、南洋のアメリカ領グアム島も、わが軍の包囲の中で目下、盛んに燃えております。サンフランシスコ発同盟。サンフランシスコに達した情報によれば、グアム島は目下、日本軍の包囲下にあり、燃料タンクおよびホテルは目下延々として燃えているということであります。繰り返します。南洋のアメリカ領グアム島も、わが軍の包囲の中で目下、盛んに燃えております。

次は、ドイツの宣戦布告説が伝えられています。ドイツの宣戦布告説が伝えられています。ストックホルム発同盟。昨七日のロイテル・ワシントン電報によりますと、ワシントンの一部有力筋の間では、ドイツは今後二四時間以内にアメリカに対して宣戦を布告する可能性があると言っております。

次は蘭印も日本に宣戦を布告する模様です。サンフランシスコ発同盟。昨日サンフランシスコに達したバタビア情報によりますと、蘭印のチャルダ総督は、ジャワ時間、今日午前六時を期し、対日宣戦を布告するはずだと言われます。

次はアメリカ、アジア艦隊司令官が戦争状態を宣言しました。マニラ発同盟。アメリカ、アジア艦隊司令官ハート提督は、昨日、次のように発表しました。アメリカは日本と戦争状態にある。アメリカ海軍は事態に即応して万般の処置をとりつつある。

亀井勝一郎

作家（34歳）

「似和為貴」『文藝』昭和十七年新年号

勝利は、日本民族にとつて実に長いあひだの夢であつたと思ふ。即ち嘗てペルリによつて武力的に開国を迫られた我が国の、これこそ最初にして最大の苛烈極まる返答であり復讐だつたのである。維新以来我ら祖先の抱いた無念の思いを、一挙にして晴すべきときが来たのである。

坂口安吾

作家（35歳）

「真珠」『坂口安吾全集 03』筑摩書房

街へ出たのは正午に十分前。小田原では目貫の商店街であったが、人通りは少なかつた。小田原の街は軒並みに国旗がひらめいてゐる。街角の電柱に新聞社の速報がはられ、明るい陽射しをいっぱいに受けて之も風にははたはたと鳴り、米英に宣戦す、あたりには人影もなく、読む者は僕のみであった。僕はラヂオのある床屋を探した。やがて、ニュースがある筈である。客は僕ひとり、頰ひげをあたっていると、大詔の奉読、つづいて、東条首相の謹話があった。涙が流れた。言葉のいらない時が来た。必要ならば、僕の命も捧げねばならぬ。一歩たりとも、敵をわが国土に入れてはならぬ。

伊藤整

作家（36歳）

『太平洋戦争日記（一）』新潮社

　午後一時出かけると田中家の裏の辺でラジオが日米の戦争、ハワイの軍港へ決死的大空襲をしたこと、タイに進駐したこと等を報じている。はっと思い、帰るかと考えたが、結局街の様子を見たくて出かける。

　バスの客少し皆黙りがちなるも、誰一人戦争のこと言わず。自分のそばに伍長が立っていて体を押し合う。鉄ぶちの眼鏡をかけた知的な青年なり。押しながら、「いよいよ始まりましたね」と言いたくてむずむずするが、自分だけ興奮しているような気がして黙っている。

　感想――我々は白人の第一級者と戦う外、世界一流人の自覚に立てない宿命を持っている。

　はじめて日本と日本人の姿の一つ一つの意味が現実感と限ないいとおしさで自分にわかって来た。

神山茂夫

社会運動家（36歳）

「獄中・太平洋戦史」
『わが遺書』現代評論社

いま、力足らず、敵の手にとらわれて破滅的な戦争開始の報を、看守の好意によってきかされる不甲斐なさ！　われわれわれの力がつよく、せめて労働者階級と青年たちの目だけでも開かせ、もっと強くこの戦争に反対することができていたならと、胸は痛んだ。明日の運命をも知らずに宮城にむかう大群衆の足音、天地をゆすぶるような万歳の声、人びとの心をかりたてるような軍歌と軍楽隊のとどろきが地下室の留置場までひびいてくるのを、なすすべもなくじっときいているくやしさ。にじみでる涙もおさえきれなかった。

木山捷平

作家（37歳）

『酔いざめ日記』講談社

昼一時頃目をさましたら、近所のラジオがシンガポールとかホンコン爆撃とか言っている。それで戦争の始まったのを知った。じっとしていられず平島君の所へ行く。皆ラジオをきいている。十一時とか十一時半とかに、最初のラジオをやったそうだ。原稿書きかけたが進まず、赤い太陽没す。銀杏やポプラの葉を少々のこしている。宮下湯の煙は北なびく、軒ではブヨがしきりにまっている。

阿部六郎

ドイツ文学者（37歳）

『阿部六郎全集　第三巻』一穂社

いい天気といへば十二月八日の天気もすばらしかった。その朝はラヂオの臨時ニュースで眼が覚めた。床の中でさあ大変だ、さあ大変だと怒鳴ると、前夜から泊つてゐた山形の兄がハハハと笑つた。起きてみるとめづらしく晴れ渡つた空だつた。前夜まで、狂ひやすいはかりで進退二つの未知を量るやうにして苛々してゐた心も、すつきりと澄んで、妙に楽天的に落着いてゐた。

山本周五郎

作家（38歳）

『山本周五郎戦中日記』山本周五郎
（角川春樹事務所）

十二月八日

午前十一時、米、英に対し宣戦布告の大詔下る、海軍は午前三時、大編隊機を以てホノルルを空襲、グワム、ウェーク、香港、シンガポール、攻撃、ハワイには陸軍輸送大船団を発駐す。上海に於て、英艦一を撃沈、米艦一降伏、ラヂオ時々刻々ニュースを報ず。

統火管制に入る、月明。

ラジオニュース（午前十二時三十分②）

わが海軍航空隊の大編隊がハワイのホノルルに対して最初の空襲を行いました。わが海軍航空隊の大編隊がハワイのホノルルに対して最初の空襲を行いました。

ホノルル発同盟。日本海軍航空隊の大編隊は、ハワイ時間七日午前七時三五分、日本の今朝三時五分、ホノルルに初の空襲を開始しました。

ニューヨーク発同盟。ホノルルからのUP電報によれば、真珠湾西方のバーバーポイント沖に、日本軍を乗せた輸送船の影が認められたと伝えております。

次はワシントン発同盟。木材を積んで太平洋を航行中のアメリカ陸軍の輸送船は、サンフランシスコを去る一三〇〇カイリの水域で魚雷攻撃を受けたということであります。繰り返します。

ワシントン発同盟。木材を積んで太平洋を航行中のアメリカ陸軍の輸送船は、サンフランシスコを去る一三〇〇カイリの水域で魚雷攻撃を受けたということであります。

古川ロッパ

コメディアン（38歳）

『古川ロッパ昭和日記　戦中篇』晶文社

十一時起される。起しに来た女房が「いよいよ始まりましたよ。」と言ふ。日米つひに開戦。風呂へ入る、ラヂオが盛に軍歌を放送してゐる。……それから三時迄待たされ、三時から支度して、芝居小屋のセットへ入ったら、暫くして中止となる、ナンだい全く。

島木健作

作家（38歳）

「十二月八日」『文藝』昭和十七年新年号

宣戦の大詔を拝し奉つた瞬間の自分は、総身がふるへるような厳粛な感動のなかに、なんともいへぬ明るさ、いよいよ事は決したといふ落着きと安心とを感じた。ラジオの前の自分の頭は自然に垂れ、眼には涙がうかんだ。しんとした勇気が腹の底にみなぎつてくるのを感じた。

妖雲を排して天日を仰ぐ、といふのは実にこの日この時のことであつた。一切の躊躇、逡巡、猜疑、曖昧といふものが一掃されてただ一つの意志が決定された。瞬時にしてこの意志は全国民のものとなつたのである。

今日出海

作家（38歳）

「比島従軍」『昭和戦争文学全集4』集英社

ここで宣戦の大詔を拝した時は、単調な生活を打ち破って、輝かしい光が突き透った感じだった。だらけた生活に鉄筋の骨が打ち建てられたように思った。

中野重治

作家（39歳）

『中野重治全集　第二十七巻』筑摩書房

福井県の郷里で、父の葬式の跡始末をしていた。支払いに町に出ていて、電柱に張ってあるビラをみて開戦を知つた。別に感慨もなかつたが、瞬間、うちに帰れば、特高が来ているだろうな、と思つた。

上林暁

作家（39歳）

『昭和戦争文学全集4』集英社

私はガバと起きて、台所で朝の支度をしている妹に向かって叫んだ。

「いよいよ、アメリカ、イギリスと戦争がはじまったよ」

私はもう新聞など読みたくなかった。今朝来たばかりの新聞だけれど、もう古臭くて読む気がしないのだ。我々の住む世界は、それほどまでに新しい世界へ急転回したことを、私ははっきりと感じた。

「今日はこれから重大放送があるかも知れませんから、そのままスイッチを切らずにおいて下さい」とアナウンサーが繰りかえし言っている。次ぎはどんな放送があるのだろうか、その予測が一種の重苦しい緊張を漂わした。

軍艦マーチの奏楽が湧き起こっている。

私はそばに寄って来た、五つになる女の子を抱き上げると、平生ぐずって仕方のない子だから、この際活を入れておこうと思った。

「アメリカと戦争がはじまったんだからもうぐずぐず言っちゃ、駄目だよ。好い子で居さえすりゃ勝つんだから」

そんな言い方も、今朝はちっとも不自然でなかった。子供は素直にうなずいた。

矢部貞治

政治学者（39歳）

『矢部貞治日記　銀杏の巻』（読売新聞社）

答案調べを終り、成績表に書入れをやってゐたら十二時半のニュースでラヂオは「宣戦の大詔」の渙発を伝へ、既にマレー上陸作戦、ハワイの空襲、グアム、ダバオ、香港の攻撃、泰での英国軍との対戦を伝へてゐる。臨時議会の召集、空襲防備の下令等。暖い静かな春の様な陽がさんさんと注ぎ、山茶花の気品ある紅を見つゝ聞く。

尾崎士郎

作家（43歳）

「戦影日記」『昭和戦争文学全集4』集英社

ハッチの底の将校室にて。

事態ようやく切迫し来る。東京を出発してより、数えて十八日である。佐藤君と二人で昨日からのつづき、「いかにして理想的な宣伝部隊をつくるべきか」ということについて語り合う。

甲板にて。
午後の空は曇っているが、思い起こす八幡船の
その昔。海の上はまるで街のようだ。これぞ世紀
の大進軍というべし、生死すでに心魂を絶てり。
雲の中から煙が見ゆる、××余艘の船団が、さして
ゆくのはフィリッピン、往年見不語、今日不見語。

秋風や南にうごく雲の影

夜、ニュースしきりに至る。

ラジオニュース（午後三時）

次は南京発同盟。支那派遣軍総司令官、今日〇時半発表。アメリカ、イギリスとの開戦は帝国の自尊自立を全うせんとする努力と、最後的決断たるとともに、東亜をイギリス、アメリカ覇道の束縛より開放して、新秩序を建設せんとする東亜民族の誓いであり願いであり、また支那事変の必然的発展なり。

派遣軍は支那大陸における、イギリス、アメリカ側の敵性を断固せん除し、南方作戦に呼応して重慶側に対する封鎖隔絶を徹底し、ますます戦力を統合発揮して、敵交戦力の撃退に努め、もって蔣介石政権の壊滅を期す。日華両国民は派遣軍の決意と実力とに依頼し、断固、重慶側の策動を排撃し、相携えて興亜の宣揚に精進し、もって一意歴史的偉業の完成に邁進せんことを望む。

支那派遣軍総司令官はこのような談話を発表いたしました。

臨時ニュースはこれまでであります。なお、今後、三時半の定時ニュースはもちろんのことですが、四時、五時、六時というように、時間の変わり目には重大なニュースが出るかもしれませんから、こうした時間には特に気をつけてお聞きを願います。

もう一度申し上げます。今後、三時半の定時ニュースはもちろんでありますが、四時、五時、六時というように、時間の切れ目、時間の変わり目には重大なニュースが出るかもしれませんから、こうした時間には特に気をつけてお聞きを願います。

井伏鱒二

作家（43歳）

「南航大概記」『井伏鱒二全集　第十巻』筑摩書房

朝六時、西太平洋で日・英米陸海軍、交戦状態に入つたと報ぜらる。無電がはいつたのである。

甲板で宮城遙拝の式が挙行された。砲の心得のあるものは、船首の大砲のところに集まつて練習をはじめた。

午前十一時、空襲警報、間もなく解除。香港沖、百数十浬。今日一日が危険の峠と○○少尉が各班に通告してまはつた。

御詔勅が下つた。

ラヂオでニユースをききながら、みんな万歳を叫んだ。

横光利一

作家（43歳）

『定本横光利一全集　第十三巻』
河出書房新社

戦はつひに始まつた。そして大勝した。先祖を神だと信じた民族が勝つたのだ。自分は不思議以上のものを感じた。出るものが出たのだ。それはもつとも自然なことだ。自分がパリにゐるとき、毎夜念じて伊勢の大廟を拝したことが、つひに顕れてしまつたのである。夜になつて約束の大宮へ銃後文藝講演に出かけて行く。

金子光晴

詩人（45歳）

『絶望の精神史』（講談社学芸文庫）

僕は、アメリカとの戦争が始まったとき、二、三の客を前にしながら、不覚にも慎みを忘れ、「ばかやろう！」と大声でラジオにどなった。

獅子文六

作家（48歳）

「あの日」『獅子文六全集第13巻』朝日新聞社

ドカンと、大きな音でもした感じだった。

シーンと、耳が鳴っている感じだった。

やがて、宣戦の大詔が奉読された。

「……皇祖皇宗ノ神霊上ニ在リ……」

その時、涙がこぼれた。

それから、首相の放送があった。東条さんの舌は、縺れた時もあったが、その声は、組閣第一声の時より荘重だった。

ふと、自分は、ラジオを聴く前と、別人になってるような気持がした。その間に、一年も二年も時間が経ってるような気持がした。一間も二間もある濠を、一気に跳び越えたような気がした。

河合栄治郎

社会思想家（50歳）

『河合栄治郎全集　第二十三巻』
社会思想社

大東亜戦争が十二月八日に始まり、興奮も喜びも感じ、始め数日は勉強も出来ない程であったが、之は『国民に愬う』以来自分の宿論であった。遂に之で一方の血路を開いたのだ。然し自分の参与するのは戦争自体ではなくて、遙かに将来の思想の為なのだ。そうするより仕方がなく、又それでよいのだ。

近衛文麿

元首相（50歳）

内田信也『風雪五十年』（実業之日本社）

今朝はハワイを奇襲した筈だ。僕の在任中山本五十六君を呼んで、日米戦についての意見を叩いたところ、彼は初めの一年はどうにか保ちこたえられるが、二年目からは全然勝算はない。故に軍人としては廟議一決し宣戦の大命降れば、ただ最善を尽して御奉公するのみで、湊川出陣と同じだ、といつておつたが、山本君の気持としては緒戦に最大の勝利を挙げ、その後は政府の外交手腕発揮に待つというのが心底らしかつた。それで山本君はそれとなくハワイ奇襲を仄めかしていたんですヨ。

清沢洌

ジャーナリスト（51歳）

『文壇五十年』正宗白鳥・河出書房

清沢は「けさ開戦の知らせを聞いた時に、僕は自分達の責任を感じた。こういう事にならぬように僕達が努力しなかったのが悪かった」と、感慨をもらした。

ラジオニュース（午後五時）

次に東京地方逓信局からのお知らせであります。東京地方逓信局からのお知らせ。東京地方逓信局管内の方に申し上げます。東京地方逓信局管内の方に申し上げます。

いつでもラジオを聞けるように昼間も送電いたします。いつでもラジオを聞けるように昼間でも送電いたします。ラジオのスイッチはつけっぱなしにしても、いらない電灯、不要の電灯はできるだけ節約するように願います。

それからさきほどのをもう一つ繰り返しますと、なお、今晩七時から詔書の奉読と東条総理大臣の、『大詔を拝し奉りて』の全国民への放送を録音によりまして再放送いたします。今晩七時からでございます。ラジオの設備のあるご家庭はもちろんのこと、劇場、映画館、食堂などでもラジオにスイッチを入れて、全国民がこの放送をお聞きくださるように願います。

ただいま時刻は五時一四分であります。

青野季吉

文芸評論家（51歳）

『青野季吉日記』河出書房新社

午後、渡邊君と雑談中、使ひに出た妻が息せき切って飛込んで来て、午前六時のラジオで戦争始まれりと報道されたと呼ぶ。

いよいよ来るべきものは来たのだ。みたみわれとして一死報国の時が来たのだ。飽まで落付いて、この時を生き抜かん。

午後三時半の臨時ニュースに於て英米に対する宣戦布告の御勅語を拝す。無限の感動に打たれるのみ。

木戸幸一

政治家（52歳）

『木戸幸一日記　下巻』東京大学出版会

七時十五分出勤。今日は珍らしく好晴なり。赤坂見附の坂を上り三宅坂に向ふ、折柄、太陽の赫々と彼方のビルディングの上に昇るを拝す。思えば、愈々今日を期し我国は米英の二大国を対手として大戦争に入るなり。今暁既に海軍の航空隊は大挙布哇を空襲せるなり。之を知る余は其の成否の程も気づかはれ、思はず太陽を拝し、瞑目祈願す。

室生犀星

作家（52歳）

『昭和戦争文学全集4　太平洋開戦』集英社

一二月八日

何かを言いあらわそうとする者
そして言いあらわせない者
よろこびの大きさに打たれて
ここで凝乎として喜んでいる者
よろこび過ぎて言葉を失った瞬間
人ははじめて自分の我欲をなくし
何とかして
偉大な喜びをあらわしたいとあせる

勝利を自分のものにするのは勿体ない
それを何かで表したい、
何かをつくり上げたい
絵も彫刻も音楽も
そして文学も勝利にぶら下がる
何かをつくり
何かをえがき
自分のよろこびを人に示したい
自分も臣の一人であり
臣のいのちをまもり
それゆえに寿をつくり上げたい、
菲才いま至らずなどとは言わない、
この日何かをつくり
何かをのこしたい、
文学の徒の一人としてそれをなし遂げたいのだ。

中江丑吉

思想家（52歳）

『中江丑吉書簡集』みすず書房

四日ヨリ十四日迄臥床、
此間八日ヨリ太平洋戦争勃発ス。
四十一年十二月十六日朝十時半、
庭中ノ降雪未〔ダ〕全〔ク〕融ケズ。
陽光ニブヤカ也。

長與善郎

作家（53歳）

「今時戦争とその文化的意義」
『昭和戦争文学全集4』集英社

生きて居るうちにまだこんな嬉しい、こんな痛快な、こんなめでたい目に遭へるとは思はなかつた。この数ヶ月と云わず、この一、二年と云わず、我らの頭上に暗雲のごとく蔽ひかぶさつてゐた重苦しい憂鬱は、十二月八日の大詔渙発とともに雲散霧消した。……しかも一時その急激なるに驚いた我らが、直ちに疑惑と不安とを絶して何か心のさばさばと軽くなるのを憶えた時には、すでにアメリカ太平洋艦隊はこっ端微塵に全滅されていた。……ともかくも万歳を叫ばずには居られない。

折口信夫

民俗学者（54歳）

『天地に宣る』日本評論社

宣戦のみことのりの降ったをりの感激、せめてまう十年若くて、うけたまはらなかったことの、くちをしいほど、心をどりを覚えた。

木下杢太郎

詩人（56歳）

『木下杢太郎日記　第五巻』岩波書店

十二月八日（月）　晴、さほど寒からず八時半病院に出づ。「皮膚病の予防」を書く。午食やぶそば

一時少し前春日町の電話器械ラヂオ屋

にてひるのラヂオ聞く。一時過より学士会に於ける慶徳チフス研究会理事会、委員会に出席。七時ラヂオをきく。その後村山達三君と一緒に帰る。

午前七時ラヂオにて英米に対する開戦布告のニユウス。心持頗る緊張す。ハワイ、フイリツピン、グアム等の襲撃の報有り。夜にはまた友好の下に泰国通過の約成るのラヂオあり。

ラジオニュース（午後七時）

大本営陸海軍部午前十一時五〇分発表。わが軍は陸海軍緊密なる共同の下に、今八日早朝、マレー半島方面の奇襲上陸作戦を敢行し、着々戦果を拡張中なり。大本営陸海軍部の発表であります。

タイ国方面。わが軍はタイ国に侵入したイギリス軍を撃退、掃討中であります。わが軍はタイ国の侵入したイギリス軍を撃退、掃討中であります。タイ国駐箚の帝国大使館当局では、今朝より次のような談話を発表しました。

イギリス軍は今日早暁、突然マレー国境を突破し、侵入を開始せり。日本は南太平洋の平和維持とタイ国の独立維持につき、タイ国政府と交渉を開始するとともに、タイ国の独立を救うため、直ちにこれを反撃。イギリス軍をタイ国外に掃討しつつあり。

タイ国駐箚の帝国大使館では、このような談話を発表しました。

フィリピン方面。大本営陸軍部午後五時発表。わが陸軍飛行隊は今日八日早朝来、フィリピン方面の要衝に対し空襲、甚大なる損害を与えたり。大本営陸軍部午後五時の発表であります。

次、マニラ発同盟によれば、日本空軍は今日、ダバオを襲い、港湾施設と飛行場を爆撃したと伝えられますが、目下、マニラ・ダバオ間の電話が不通のため、詳しいことはわかりません。マニラ北方三四〇キロの地点にあるジョン・ハイが日本軍によって爆撃されたとの報道もあります。

次はサンフランシスコ発同盟。ダバオからの情報によれば、日本空軍は今日午後〇時五〇分、フィリピンのダバオに対し、第二次空襲を加えました。香港方面、陸軍航空隊は、香港北方の敵飛行場で敵機十二台を焼き払いました。

東條英機

首相（57歳）

『東條内閣総理大臣機密記録
東條英機大将言行録』東京大学出版会

予想以上だったね。
いよいよルーズベルトも失脚だね。

秋田雨雀

劇作家（58歳）

『秋田雨雀日記　3』未来社

今日朝からラジオで日米交渉が断絶し、帝国は英米両国に対して宣戦を布告したことが報ぜられ、つづいて詔勅が放送された。東条首相の声明も朗読された。間もなくマニラ、ハワイ、グァム等でのわが空海陸軍の行動が放送された。日米交渉は確かにここまで押しせまっていたものに相違ない。

陸軍はマレイに上陸行動をとっていると報ぜられた。落ちついて自分の仕事にいそしめ、いやしくも誤解を蒙るような言動をつつしめ。

（今日、英米二国に対して宣戦布告の御詔勅降下！　政府の声明。何事も言うことが出来ない！ウソ！　トレーチャラス・アタック。）

高村光太郎

詩人（58歳）

「十二月八日の記」
『昭和戦争文学全集4　太平洋開戦』
集英社

時計の針が十一時半を過ぎた頃、議場のほうで何かアナウンスのような声が聞こえるので、はっと我に返って議場の入り口に行った。丁度詔勅が奉読され始めたところであった。かなりの数の人が皆立って首をたれてそれに聴き入っていた。思わず其処に釘づけになって私も床を見つめた。聴きゆくうちにおのずから身うちがしまり、いつのまにか眼鏡が曇って来た。私はそのままでいた。奉読が終わると皆目がさめたようにして急に歩きはじめた。私も緊張して控室に戻り、もとの椅子に坐して、ゆっくり、しかし強くこの宣戦布告のみことのりを頭の中で繰りかえした。頭の中が透きとおるような気がした。

世界は一新せられた。時代はたった今大きく区切られた。昨日は遠い昔のようである。現在そのものは高められ確然たる軌道に乗り、純一深遠な意味を帯び、光を発し、いくらでもゆけるものとなった。

この刻々の瞬間こそ後の世から見れば歴史転換の急曲線を描いている時間だなと思った。時間の重量を感じた。

斎藤茂吉

歌人（59歳）

『斎藤茂吉全集　第三十一巻』岩波書店

昨日、日曜ヨリ
帝国ハ米英二国ニタイシテ
戦闘ヲ開始シタ。
老生ノ紅血躍動！

松岡洋右

元外務大臣（61歳）

斎藤良衛『欺かれた歴史
松岡と三国同盟の裏側』
読売新聞社

三国同盟の締結は、僕一生の不覚だったことを、今更ながら痛感する。……世間から僕は侵略戦争の片棒かつぎと誤解されている。僕の不徳の致すところとはいいながら、誠に遺憾だ。殊に三国同盟は、アメリカの参戦防止によって、世界戦争の再起を予防し、世界平和を回復し、国家を泰山の安きにおくことを目的としたのだが、事ことごとく志とちがい、今度のような不祥事件の遠因と考えられるに至った。これを思うと、死んでも死にきれない。

正宗白鳥

作家（62歳）

『文壇五十年』河出書房

昭和十六年十二月八日は、私の頭脳に深刻な感銘をとどめている。明治三十七年二月六日の、ロシアに対する宣戦布告は、上野の梅川楼で催された寺崎広業の送別会席上で、号外の音を聞いて知ったのであったが、あの時は、宴会の余興に延寿太夫の清元なんか聞いて、開戦の知らせもロマンチックな気持がしたものだ。しかし、今度はそうでなかった。陰惨な感じに襲われた。

ラジオニュース（午後九時）

午後八時四五分大本営海軍部からこのように輝かしい大戦果が発表されました。もう一度申し上げます。

帝国陸海軍は今朝、西太平洋において一斉に行動を開始しましたが、早くもかくかくたる戦果を挙げ、海軍航空隊はハワイ空襲において確実に敵の戦艦二隻を撃沈、戦艦四隻を大破、大型巡洋艦およそ四隻を大破せしめ、さらにグアム島の空襲では軍艦ペンギンを撃沈いたしました。

大本営海軍部午後八時四五分発表。

一、本八日早朝、帝国海軍航空部隊により決行せられたるハワイ空襲において、現在までに判明せる戦果次のごとし。戦艦二隻撃沈。戦艦四隻大破。大型巡洋艦約四隻大破。以上確実。ほかに敵飛行機多数を撃墜撃破せり。わが飛行機の損害は軽微なり。

二、わが潜水艦はホノルル沖において航空母艦一隻を撃沈せるもののごとしも、いまだ確実ならず。

三、本八日早朝、グアム島空襲において軍艦ペンギンを撃沈せり。

四、本日敵国商船を捕獲せるもの数隻。

五、本日、全作戦においてわが艦艇に損害なし。

午後八時四五分大本営海軍部からこのように輝かしい大戦果が発表されました。

永井荷風

作家（62歳）

『摘録断腸亭日乗（下）』岩波文庫

日米開戦の号外出づ。帰途銀座食堂にて食事中燈火管制となる。街頭商店の灯は追々に消え行きしが電車自動車は灯を消さず、省線は如何にや。余が乗りたる電車乗客雑沓せるが中に黄いろい声を張上げて演舌をなすものあり。

真崎甚三郎

軍人（65歳）

『真崎甚三郎日記　第五巻』山川出版社

本朝刊ヲ見テ日米衝突ノ避ケ難キヲ
感ジ居リシ折柄、平井、古沢九時号
外ヲ携ヘテ来訪、イヨイヨ開戦トナリ
シコトヲ知ル。来ルベキモノガ来リシマ
デニテ別ニ驚クコトナキモ、真ニ最后ノ
階段ニ近キツヽアリ。予ハ予テ申シ居ル
通リ最初ハ勿論勝利ヲ得レドモ終局ノ
見ヘザルコトガ最大ノ癌ナリ。

徳田秋声

作家(69歳)

「日本のもつ最も好きもの」
『昭和戦争文学全集4』集英社

私はがんらい喜怒哀楽の情が薄く、物に感動するといふことが稀である。……しかし対米英戦争開始とともに、太平洋における我が海軍の迅速果敢の行動と、すばらしいその成果を耳にした時には、支那事変の進展とともに米英から受けた脅威が大きく、日米会談が暗雲低迷の裡に荏苒八ケ月を経過し、戦争か平和かの危機に立つてゐたものだけに、その感動も亦一入であつた。

鶯亭金升

ジャーナリスト（73歳）

『鶯亭金升日記』演劇出版社

晴、一天雲なく快晴の朝、ラヂオは突然宣戦の詔勅下れりと報ず。続いて陸海軍の捷報頻々、英米をこらすべき時は遂に来れり。明治の日清、日露、両戦役と異りて、我が大日本国空前の戦いなるかな、老の身も若やぐ心地して心神爽快、旭日輝やく空を見上げて拳を握る。

幸田露伴

作家（74歳）

『蝸牛庵訪問記』小林勇著・岩波書店

この年の秋の終りから、冬にかけての先生の健康はあまりすぐれなかった。太平洋戦争がはじまったとき、先生は終日階下の室におった。そこで戦争の話をした。眞珠灣攻擊の話をしたとき、先生は「若い人たちがなあ。」といい、涙を流した。

徳富蘇峰

ジャーナリスト（78歳）

「果敢遂行」『愛之日本』愛之事業社

本項を校閲しつつある際、我が皇国が大詔を拝して、英米と戦闘状態に入りたることを聴く。大詔を拝して恐懼感激に堪へぬ。我等は光輝ある祖国の歴史に更に光輝を加ふるの光栄を今こそ担ったのだ。聖旨を奉戴して唯だ一死君国に報ぜんのみ（昭和16年12月8日）

十二月八日　太宰治

きょうの日記は特別に、ていねいに書いて置きましょう。昭和十六年の十二月八日には日本のまずしい家庭の主婦は、どんな一日を送ったか、ちょっと書いて置きましょう。もう百年ほど経《た》って日本が紀元二千七百年の美しいお祝いをしている頃に、私の此《こ》の日記帳が、どこかの土蔵の隅から発見せられて、百年前の大事な日に、わが日本の主婦が、こんな生活をしていたという事がわかったら、すこしは歴史の参考になるかも知れない。だから文章はたいへん下手《へた》でも、嘘だけは書かないように気を附ける事だ。なにせ紀元二千七百年を考慮にいれて書かなければならぬのだから、たいへんだ。でも、あんまり固くならない事にしよう。主人の批評に依《よ》れば、私の手紙やら日記やらの文章は、ただ真面目《まじめ》なばかりで、そうして感覚はひどく鈍いそうだ。センチメントというものが、まるで無いので、文章がちっとも美しくないそうだ。本当に私は、幼少の頃から礼儀にばかりこだわって、心はそんなに真面目でもないのだけれど、なんだかぎくしゃくして、無邪気にはしゃいで甘える事も出来ず、損ばかりしている。慾が深すぎるせいかも知れない。なおよく、反省をして見ましょう。

紀元二千七百年といえば、すぐに思い出す事がある。なんだか馬鹿らしくて、おかしい事だけれど、先日、主人のお友だちの伊馬さんが久し振りで遊びにいらっしゃって、その時、主人と客間で話合っているのを隣部屋で聞いて噴《ふ》き出した。

「どうも、この、紀元二千七百年《しちひゃくねん》のお祭りの時には、二千七百年《ななひゃくねん》と言うか、あるいは二千七百年《しちひゃくねん》と言うか、心配なんだね、非常に気になるんだね。僕は煩悶《はんもん》しているのだ。君は、気にならんかね。」

と伊馬さん。

「ううむ。」と主人は真面目に考えて、「そう言われると、非常に気になる。」

「そうだろう。」と伊馬さんも、ひどく真面目だ。「どうもね、ななひゃくねん、というらしいんだ。なんだか、そんな気がするんだ。だけど僕の希望をいうなら、しちひゃくねん、と言ってもらいたいんだね。どうも、ななひゃく、では困る。いやらしいじゃないか。電話の番号じゃあるまいし、ちゃんと正しい読みかたをしてもらいたいものだ。何とかして、その時は、しちひゃく、と言ってもらいたいのだがねえ。」

と伊馬さんは本当に、心配そうな口調である。

「しかしまた、」主人は、ひどくもったい振って意見を述べる。「もう百年あとには、しちひゃくでもないし、ななひゃくでもないし、全く別な読みかたも出来ているかも知れない。たとえば、ぬぬひゃく、とでもいう――。」

私は噴き出した。本当に馬鹿らしい。主人は、いつでも、こんな、どうだっていいような事を、まじめにお客さまと話合っているのです。センチメントのあるおかたは、ちがったものだ。私の主人は、小説を書いて生活しているのです。なまけてばかりいるので収入も心細く、その日暮しの有様です。どんなものを書いているのか、私は、主人の書いた小説は読まない事にしているので、想像もつきません。あまり上手でないようです。

おや、脱線している。こんな出鱈目《でたらめ》な調子では、とても紀元二千七百年まで残るような佳い記録を書き綴る事は出来ぬ。出直そう。

十二月八日。早朝、蒲団の中で、朝の仕度に気がせきながら、園子《そのこ》（今年六月生れの女児）に乳をやっていると、どこかのラジオが、はっきり聞えて来た。

「大本営陸海軍部発表。帝国陸海軍は今八日未明西太平洋において米英軍と戦闘状態に入れり。」

しめ切った雨戸のすきまから、まっくらな私の部屋に、光のさし込むように強くあざやかに聞えた。二度、朗々と繰り返した。それを、じっと聞いているうちに、私の人間は変ってしまった。強い光線を受けて、からだが透明になるような感じ。あるいは、聖霊の息吹《いぶ》きを受けて、つめたい花びらをいちまい胸の中に宿したような気持ち。日本も、けさから、ちがう日本になったのだ。

隣室の主人にお知らせしようと思い、あなた、と言いかけると直ぐに、

「知ってるよ。知ってるよ。」

と答えた。語気がけわしく、さすがに緊張の御様子である。いつもの朝寝坊が、けさに限って、こんなに早くからお目覚めになっているとは、不思議である。芸術家というものは、勘《かん》の強いものだそうだから、何か虫の知らせとでもいうものがあったのかも知れない。すこし感心する。けれども、それからたいへんまずい事をおっしゃったので、マイナスになった。

「西太平洋って、どの辺だね？　サンフランシスコかね？」

私はがっかりした。主人は、どういうものだか地理の知識は皆無なのである。西も東も、わからないのではないか、とさえ思われる時がある。つい先日まで、南極が一ばん暑くて、北極が一ばん寒いと覚えていたのだそうで、その告白を聞いた時には、私は主人の人格を疑いさえしたのである。去年、佐渡へ御旅行なされて、その土産話に、佐渡の島影を汽船から望見して、満洲だと思ったそうで、実に滅茶苦茶だ。これでよく、大学なんかへ入学できたものだ。ただ、呆《あき》れるばかりである。

「西太平洋といえば、日本のほうの側の太平洋でしょう。」

と私が言うと、

「そうか。」と不機嫌そうに言い、しばらく考えて居られる御様子で、「しかし、それは初耳だった。アメリカが東で、日本が西というのは気持の悪い事じゃないか。日本は日出ずる国と言われ、また東亜とも言われているのだ。太陽は日本からだけ昇るものだとばかり僕は思っていたのだが、それじゃ駄目だ。日本が東亜でなかったというのは、不愉快な話だ。なんとかして、日本が東で、アメリカが西と言う方法は無いものか。」

おっしゃる事みな変である。主人の愛国心は、どうも極端すぎる。先日も、毛唐がどんなに威張っても、この鰹《かつお》の塩辛《しおから》ばかりは嘗《な》める事が出来まい、けれども僕なら、どんな洋食だって食べてみせる、と妙な自慢をして居られた。

主人の変な呟《つぶや》きの相手にはならず、さっさと起きて雨戸をあける。いいお天気。けれども寒さは、とてもきびしく感ぜられる。昨夜、軒端《のきば》に干して置いたおむつも凍り、庭には霜が降りている。山茶花《さざんか》が凛《りん》と咲いている。静かだ。太平洋でいま戦争がはじまっているのに、と不思議な気がした。日本の国の有難《ありがた》さが身にしみた。

井戸端へ出て顔を洗い、それから園子のおむつの洗濯にとりかかっていたら、お隣りの奥さんも出て来られた。朝の御挨拶をして、それから私が、

「これからは大変ですわねえ。」

と戦争の事を言いかけたら、お隣りの奥さんは、つい先日から隣組長になられたので、その事かとお思いになったらしく、

「いいえ、何も出来ませんのでねえ。」

と恥ずかしそうにおっしゃったから、私はちょっと具合がわるかった。

お隣りの奥さんだって、戦争の事を思わぬわけではなかったろうけれど、それよりも隣組長の重い責任に緊張して居られるのにちがいない。なんだかお隣りの奥さんにすまないような気がして来た。本当に、之《これ》からは、隣組長もたいへんでしょう。演習の時と違うのだから、いざ空襲という時などには、その指揮の責任は重大だ。私は園子を背負って田舎に避難するような事になるかも知れ

ない。すると主人は、あとひとり居残って、家を守るという事になるのだろうが、何も出来ない人なのだから心細い。ちっとも役に立たないかも知れない。本当に、前から私があんなに言っているのに、主人は国民服も何も、こしらえていないのだ。まさかの時には困るのじゃないかしら。不《ぶ》精《しょう》なお方だから、私が黙って揃えて置けば、なんだこんなもの、とおっしゃりながらも、心の中ではほっとして着て下さるのだろうが、どうも寸法が特大だから、出来合いのものを買って来ても駄目でしょう。むずかしい。

主人も今朝は、七時ごろに起きて、朝ごはんも早くすませて、それから直ぐにお仕事。今月は、こまかいお仕事が、たくさんあるらしい。朝ごはんの時、

「日本は、本当に大丈夫でしょうか。」

と私が思わず言ったら、

「大丈夫だから、やったんじゃないか。かならず勝ちます。」

と、よそゆきの言葉でお答えになった。主人の言う事は、いつも嘘ばかりで、ちっともあてにならないけれど、でも此のあらたまった言葉一つは、固く信じようと思った。

台所で後かたづけをしながら、いろいろ考えた。目色、毛色が違うという事が、之程《これほど》までに敵愾《てきがい》心《しん》を起させるものか。滅茶苦茶に、ぶん殴りたい。支那を相手の時とは、まるで気持がちがうのだ。

本当に、此の親しい美しい日本の土を、けだものみたいに無神経なアメリカの兵隊どもが、のそのそ歩き廻るなど、考えただけでも、たまらない、此の神聖な土を、一歩でも踏んだら、お前たちの足が腐るでしょう。お前たちには、その資格が無いのです。日本の綺麗な兵隊さん、どうか、彼等を滅《め》っちゃくちゃに、やっつけて下さい。これからは私たちの家庭も、いろいろ物が足りなくて、ひどく困る事もあるでしょうが、御心配は要《い》りません。私たちは平気です。いやだなあ、という気持は、少しも起らない。こんな辛《つら》い時勢に生れて、などと悔やむ気がない。かえって、こういう世に生れて生甲斐《いきがい》をさえ感ぜられる。こういう世に生れて、よかった、と思う。ああ、誰かと、うんと戦争の話をしたい。やりましたわね、いよいよはじまったのねえ、なんて。

ラジオは、けさから軍歌の連続だ。一生懸命だ。つぎからつぎと、いろんな軍歌を放送して、とうとう種切れになったか、敵は幾万ありとても、などという古い古い軍歌まで飛び出して来る仕末なので、ひとりで噴き出した。放送局の無邪気さに好感を持った。私の家では、主人がひどくラジオをきらいなので、いちども設備した事はない。また私も、いままでは、そんなにラジオを欲しいと思った事は無かったのだが、でも、こんな時には、ラジオがあったらいいなあと思う。ニュウスをたくさん、たくさん聞きたい。主人に相談してみましょう。買ってもらえそうな気がする。

おひる近くなって、重大なニュウスが次々と聞えて来るので、たまらなくなって、園子を抱いて外に出て、お隣りの紅葉の木の下に立って、お隣りのラジオに耳をすました。マレー半島に奇襲上陸、香港《ホンコン》攻撃、宣戦の大詔《たいしょう》、園子を抱きながら、涙が出て困った。家へ入って、お仕事最中の主人に、いま聞いて来たニュウスをみんなお伝えする。主人は全部、聞きとってから、

「そうか。」

と言って笑った。それから、立ち上って、また坐った。落ちつかない御様子である。

お昼少しすぎた頃、主人は、どうやら一つお仕事をまとめたようで、その原稿をお持ちになって、そそくさと外出してしまった。雑誌社に原稿を届けに行ったのだが、あの御様子では、またお帰りがおそくなるかも知れない。どうも、あんなに、そそくさと逃げるように外出した時には、たいてい御帰宅がおそいようだ。どんなにおそくても、外泊さえなさらなかったら、私は平気なんだけど。

主人をお見送りしてから、目刺《めざし》を焼いて簡単な昼食をすませて、それから園子をおんぶして駅へ買い物に出かけた。途中、亀井さんのお宅に立ち寄る。主人の田舎から林檎《りんご》をたくさん送っていただいたので、亀井さんの悠乃《ゆの》ちゃん（五歳の可愛いお嬢さん）に差し上げようと思って、少し包んで持って行ったのだ。門のところに悠乃ちゃんが立っていた。私を見つけると、すぐにばたばたと玄関に駈け込んで、園子ちゃんが来たわよう、お母ちゃま、と呼んで下さった。園子は私の背中で、奥様や御主人に向って大いに愛想笑いをしたらしい。奥様に、可愛い可愛いと、ひどくほめられた。

御主人は、ジャンパーなど召して、何やらいさましい恰好《かっこう》で玄関に出て来られたが、いままで縁の下に蓆《むしろ》を敷いて居られたのだそうで、

「どうも、縁の下を這《は》いまわるのは敵前上陸に劣らぬ苦しみです。こんな汚い恰好で、失礼。」

とおっしゃる。縁の下に蓆などを敷いて一体、どうなさるのだろう。いざ空襲という時、這い込もうというのかしら。不思議だ。

でも亀井さんの御主人は、うちの主人と違って、本当に御家庭を愛していらっしゃるから、うらやましい。以前は、もっと愛していらっしゃったのだそうだけれど、うちの主人が近所に引越して来てからお酒を呑む事を教えたりして、少しいけなくしたらしい。奥様も、きっと、うちの主人を恨《うら》んでいらっしゃる事だろう。すまないと思う。

亀井さんの門の前には、火叩きやら、なんだか奇怪な熊手のようなものやら、すっかりととのえて用意されてある。私の家には何も無い。主人が不精だから仕様が無いのだ。

「まあ、よく御用意が出来て。」

と私が言うと、御主人は、

「ええ、なにせ隣組長ですから。」

と元気よくおっしゃる。

本当は副組長なのだけれど、組長のお方がお年寄りなので、組長の仕事を代りにやってあげているのです、と奥様が小声で訂正して下さった。亀井さんの御主人は、本当にまめで、うちの主人とは雲泥《うんでい》の差だ。

お菓子をいただいて玄関先で失礼した。

それから郵便局に行き、「新潮」の原稿料六十五円を受け取って、市場に行ってみた。相変らず、品が乏しい。やっぱり、また、烏賊《いか》と目刺を買うより他は無い。烏賊二はい、四十銭。目刺、二十銭。市場で、またラジオ。

重大なニュウスが続々と発表せられている。比島、グワム空襲。ハワイ大爆撃。米国艦隊全滅す。帝国政府声明。全身が震えて恥ずかしい程だった。みんなに感謝したかった。私が市場のラジオの前に、じっと立ちつくしていたら、二、三人の女のひとが、聞いて行きましょうと言いながら私のまわりに集って来た。二、三人が、四、五人になり、十人ちかくなった。

市場を出て主人の煙草を買いに駅の売店に行く。町の様子は、少しも変っていない。ただ、八百屋さんの前に、ラジオニュウスを書き上げた紙が貼られているだけ。店先の様子も、人の会話も、平生とあまり変っていない。この静粛が、たのもしいのだ。きょうは、お金も、すこしあるから、思い切って私の履物《はきもの》を買う。こんなものにも、今月からは三円以上二割の税が附くという事、ちっとも知らなかった。先月末、買えばよかった。でも、買い溜めは、あさましくて、いやだ。履物、六円六十銭。ほかにクリイム、三十五銭。封筒、三十一銭などの買い物をして帰った。

帰って暫《しばら》くすると、早大の佐藤さんが、こんど卒業と同時に入営と決定したそうで、その挨拶においでになったが、生憎《あいにく》、主人がいないのでお気の毒だった。お大事に、と私は心の底からのお辞儀をした。佐藤さんが帰られてから、すぐ、帝大の堤さんも見えられた。堤さんも、めでたく卒業なさって、徴兵検査を受けられたのだそうだが、第三乙とやらで、残念でしたと言って居られた。佐藤さんも、堤さんも、いままで髪を長く伸ばして居られたのに、綺麗さっぱりと坊主頭になって、まあほんとに学生のお方も大変なのだ、と感慨が深かった。

夕方、久し振りで今《こん》さんも、ステッキを振りながらおいで下さったが、主人が不在なので、じつにお気の毒に思った。本当に、三鷹のこんな奥まで、わざわざおいで下さるのに、主人が不在なので、またそのままお帰りにならなければならないのだ。お帰りの途々《みちみち》、どんなに、いやなお気持だろう。それを思えば、私まで暗い気持になるのだ。

夕飯の仕度にとりかかっていたら、お隣りの奥さんがおいでになって、十二月の清酒の配給券が来ましたけど、隣組九軒で一升券六枚しか無い、どうしましょうという御相談であった。順番ではどうかしらとも思ったが、九軒みんな欲しいという事で、とうとう六升を九分する事にきめて、早速、瓶《びん》を集めて伊勢元に買いに行く。私はご飯を仕掛けていたので、ゆるしてもらった。でも、ひと片附きしたので、園子をおんぶして行ってみると、向うから、隣組のお方たちが、てんでに一本二本と瓶をかかえてお帰りのところであった。私も、さっそく一本、かかえさせてもらって一緒に帰った。それからお隣りの組長さんの玄関で、酒の九等分がはじまった。九本の一升瓶をずらりと一列に並べて、よくよく分量を見較べ、同じ高さずつ分け合うのである。六升を九等分するのは、なかなか、むずかしい。

夕刊が来る。珍しく四ペエジだった。「帝国・米英に宣戦を布告す」という活字の大きいこと。だいたい、きょう聞いたラジオニュウスのとおりの事が書かれていた。でも、また、隅々まで読んで、感激をあらたにした。

ひとりで夕飯をたべて、それから園子をおんぶして銭湯に行った。ああ、園子をお湯にいれるのが、私の生活で一ばん一ばん楽しい時だ。園子は、お湯が好きで、お湯にいれると、とてもおとなしい。お湯の中では、手足をちぢこめ、抱いている私の顔を、じっと見上げている。ちょっと、不安なような気もするのだろう。よその人も、ご自分の赤ちゃんが可愛くて可愛くて、たまらない様子で、お湯にいれる時は、みんなめいめいの赤ちゃんに頬ずりしている。園子のおなかは、ぶんまわしで画いたようにまんまるで、ゴム鞠《まり》のように白く柔く、この中に小さい胃だの腸だのが、本当にちゃんとそなわっているのかしらと不思議な気さえする。そしてそのおなかの真ん中より少し下に梅の花の様なおへそが附いている。足といい、手といい、その美しいこと、可愛いこと、どうしても夢中になってしまう。どんな着物を着せようが、裸身の可愛さには及ばない。お湯からあげて着物を着せる時には、とても惜しい気がする。もっと裸身を抱いていたい。

銭湯へ行く時には、道も明るかったのに、帰る時には、もう真っ暗だった。燈火管制なのだ。もうこれは、演習でないのだ。心の異様に引きしまるのを覚える。でも、これは少し暗すぎるのではあるまいか。こんな暗い道、今まで歩いた事がない。一歩一歩、さぐるようにして進んだけれど、道は遠いのだし、途方に暮れた。あの独活《うど》の畑から杉林にさしかかるところ、それこそ真の闇で物凄かった。女学校四年生の時、野沢温泉から木島まで吹雪の中をスキイで突破した時のおそろしさを、ふいと思い出した。あの時のリュックサックの代りに、いまは背中に園子が眠っている。園子は何も知らずに眠っている。

背後から、我が大君に召されえたあるう、と実に調子のはずれた歌をうたいながら、乱暴な足どりで歩いて来る男がある。ゴホンゴホンと二つ、特徴のある咳《せき》をしたので、私には、はっきりわかった。

「園子が難儀していますよ。」

と私が言ったら、

「なあんだ。」と大きな声で言って、「お前たちには、信仰が無いから、こんな夜道にも難儀するのだ。僕には、信仰があるから、夜道もなお白昼の如しだね。ついて来い。」

と、どんどん先に立って歩きました。

どこまで正気なのか、本当に、呆《あき》れた主人であります。

略歴

吉本隆明
よしもと たかあき
（一九二四年—二〇一二年）

思想家、詩人。東京工業大学卒。町工場勤務等を経て、文筆活動。六〇年安保闘争に参加。思想、宗教、言語学、文学、民俗学と、あらゆる分野を横断する思想家として注目される。軍国少年であった自己を出発点とし、自立的な思想を構築、戦後思想に大きな影響を与える。著書に『自立の思想的拠点』『言語にとって美とはなにか』『共同幻想論』『最後の親鸞』『マス・イメージ論』など。
開戦当時17歳、米沢高等工業学校在学中。

鶴見俊輔
つるみ しゅんすけ
（一九二二年—二〇一五年）

思想家、社会運動家。府立五中退学後、単身渡米、ミドルセックス校から、ハーバード大学に進学。プラグマティズムを学ぶ。開戦後、日米交換船で帰国。海軍軍属として従軍。戦後は、『思想の科学』を創刊。「ベトナムに平和を！市民連合」を結成、社会運動に取り組む。著書に『限界芸術論』『戦時期日本の精神史』『戦後日本の大衆文化史』『思い出袋』など。
開戦当時19歳、ハーバード大学在学中。

黒田三郎
くろだ さぶろう
（一九一九年—一九八〇年）

詩人。東京帝国大学経済学部卒。戦時中、南洋の島々で現地召集。戦後、NHKに入局。詩誌「荒地」創刊に参加。『ひとりの女に』でH氏賞受賞。その後、詩作に専念し、詩人会議運営委員長を務める。詩集に、『小さなユリと』『失われた墓碑銘』『もっと高く』などがある。
開戦当時22歳、東京帝国大学在学中。

加藤周一
かとう しゅういち
（一九一九年—二〇〇八年）

評論家、詩人。東京帝国大学医学部卒。在学中に「マチネ・ポエティク」を結成し、定型押韻詩運動に参加。病気により徴兵猶予。敗戦直後、日米原子爆弾影響合同調査団の一員として広島に赴く。その後、評論活動に入るかたわら上智大学、立命館大学等で教鞭をとる。著書に、『抵抗の文学』『羊の歌 わが回想』『夕陽妄語』など。
開戦当時22歳、東京帝国大学在学。

ピストン堀口
ぴすとん ほりぐち
（一九一四年—一九五〇年）

プロボクサー。東洋フェザー級チャンピオン。早稲田大学在学中の一九三三年にプロデビュー。相手を追い詰めての左右連打（ピストン戦法）を得意とし、デビューから、5引き分けを挟んで47連勝という驚異的な強さを誇った。太平洋戦争の影響で、世界タイトルに挑戦する機会には恵まれなかった。
開戦当時27歳、プロボクサーとして活躍中。

新美南吉
にいみ なんきち
（一九一三年—一九四三年）

児童文学作家。小学校の代用教員をしながら、童話を創作。『赤い鳥』に「窓」「ごん狐」などが掲載される。その後、東京外国語学校英語部文科に入学し、結核を患いつつも卒業。民間企業に就職ののち、女学校教員となる。その間も、創作活動を続け、『良寛物語 手毬と鉢の子』を出版するが、結核が悪化。一九四三年死去。
開戦当時28歳、女学校教員。

岡本太郎
おかもと たろう
（一九一一年—一九九六年）

芸術家。漫画家の父、一平と、歌人の母、かの子の長男として生まれる。一九三〇年に渡仏、パリ大学に学ぶ。ピカソに衝撃を受け、抽象画を志す。一九四〇年、帰国。召集され、陸軍二等兵として中国へ。終戦後、長安で俘虜生活の後、帰国。戦後は、花田清輝らと「夜の会」を結成し、前衛芸術家として活動。縄文文化の美術的価値に着目。「太陽の塔」「明日の神話」といった作品を制作。
開戦当時30歳、芸術家として活動中。

野口冨士男
のぐち ふじお
（一九一一年—一九九三年）

作家。慶応義塾大学文学部予科中退、文化学院文学部卒。執筆活動のかたわら、紀伊國屋出版部、都新聞、河出書房等に勤務。戦時中は海軍に召集される。戦後は、徳田秋声研究に専念し、『徳田秋声伝』を執筆。『感触的昭和文壇史』、小説『暗い夜の私』など。
開戦当時30歳。作家活動中。

保田與重郎
やすだ よじゅうろう
（一九一〇年—一九八一年）

作家。東京帝国大学文学部美学科卒。在学中より、『コギト』『日本浪曼派』の同人として活動。ドイツロマン派に傾倒し、近代文明批判と日本古典主義を展開。『日本の橋』『戴冠詩人の御一人者』『ヱルテルは何故死んだか』などを発表し、日本浪曼派の中心作家となる。戦後は、『祖国』を創刊し、『日本に祈る』などを発表。
開戦当時31歳、編集・作家活動中。

竹内好
たけうち よしみ
（一九一〇年—一九七七年）

中国文学者。東京帝国大学文学部卒。在学中より「中国文学研究会」を結成。『中国文学』編集人となる。戦時中は、陸軍に召集され、中国で終戦。戦後は、「中国の会」に拠り、研究活動を続ける。六十年安保闘争では、強行採決に抗議し、都立大学人文学部教授を辞職。魯迅研究を終生のテーマとし、日本近代史への批判とアジアへの視座を持ち続けた。著書に『日本イデオロギイ』『近代の超克』『魯迅入門』など。開戦当時31歳、編集・作家活動中。

埴谷雄高
はにやゆたか
（一九〇九年―一九九七年）
作家、思想家。青年期より、アナキズム、マルクス主義に影響を受け、日本共産党に入党。農民組織のオルグとして活動し、検挙され、収監。獄中で、ドストエフスキー、カントなどを読む。その後、「新経済」編集長となるも、開戦により、予防拘禁所に拘留。出所後、特高警察の監視下、編集活動を継続。戦後、『近代文学』創刊メンバーとなり、『死霊』執筆を開始。『不合理ゆえに吾信ず』を発表、独自の思想を展開した。開戦当時31歳、編集活動中。

中島 敦
なかじま あつし
（一九〇九年―一九四二年）
東京帝国大学国文学科卒。女学校教員となる。教員時代に多くの作品を書き、『中央公論』などに応募。その後、教員を辞し、開戦の年、パラオ南洋庁へ教科書編纂掛として赴任。『山月記』『文学禍』『光と風と夢』などを執筆。翌年、南洋庁を辞して帰国するも、持病の気管支喘息が悪化し、死去。
開戦当時32歳、南洋庁教科書編纂掛としてパラオに赴任中。

火野葦平
ひの あしへい
（一九〇七年―一九六〇年）
作家。早稲田大学英文科中退。家業の沖仲士組頭を継ぐも、文学作品を発表し、『糞尿譚』で芥川賞受賞。その後、日中戦争に応召し、従軍中に『麦と兵隊』を執筆、国民的ヒット作となり、流行作家に。戦時中は従軍作家として活動。戦後は、自伝的長編『花と竜』などを発表し、再び流行作家として活躍。
開戦当時34歳、作家活動中。

高見 順
たかみ じゅん
（一九〇七年―一九六五年）
東京帝国大学文学部英文学科卒。在学中より、ダダイズム、プロレタリア文学運動に参加。その後、コロムビア・レコードに勤務しながら、文学作品を執筆。『故旧忘れ得べき』『如何なる星の下に』を発表し、高い評価を得る。開戦に先立ち、陸軍報道班員として徴用され、ビルマへ。その後、ジャワ、中国を転々とする。戦後は、『わが胸の底のここには』『いやな感じ』などを発表。
開戦当時34歳、徴用され、陸軍報道班員として、ビルマへ向かう船上。

亀井勝一郎
かめい かついちろう
（一九〇七年―一九六六年）
東京帝国大学文学部美学科中退。在学中、マルクス主義に傾倒し、「新人会」会員となり、退学。治安維持法違反の疑いで検挙。釈放後、『転形期の文学』を発表。その後、日本文化への関心を強め、保田與重郎らとともに、『日本浪曼派』を創刊。大和路紀行、聖徳太子、親鸞などに関する評論を発表。開戦後は、日本文学報国会に拠り活動。戦後は、人生論、恋愛論を発表する一方、ライフワークとして、『日本人の精神史研究』を執筆し続けた。
開戦当時34歳、作家活動中。

坂口安吾
さかぐち あんご
（一九〇六年―一九五五年）
作家。東洋大学印度哲学倫理学科卒。少年時代より、谷崎潤一郎、バルザック、ボードレール、ポー、チェーホフなどに親しみ、大学時代、仏教哲学、サンスクリット語、フランス語を学ぶ。卒業後、小説を書き始め、『風博士』で注目を集める。作品を発表し続けるも、煩悶の日々を送る。戦後は、『堕落論』『白痴』『不連続殺人事件』などを発表、新文学の旗手となる。
開戦時35歳、作家活動中。

伊藤 整
いとう せい
（一九〇五年―一九六九年）
作家、文学評論家。東京商科大学中退。金星堂編集部を経て、戦時中は、日本大学芸術科講師、新潮社文化企画部部長。戦後は、日本文芸家協会理事、東京工業大学教授などを歴任。一方で、エッセイ集『女性に関する十二章』がベストセラーとなり、『文学入門』、小説『火の鳥』などを発表。翻訳『チャタレイ夫人の恋人』では、チャタレイ裁判の当事者となり、注目を集めた。
開戦当時36歳、日本大学芸術科講師。

神山茂夫
かみやま しげお
（一九〇五年―一九七四年）
成城中学卒。給仕、肉体労働などを経て、日本共産党に入党。統一戦線運動を進めたが、開戦前に治安維持法違反の疑いで拘禁。戦時中も拘禁は続き、戦後、釈放された。戦後、日本共産党中央委員となり、衆議院議員に立候補、当選。しかし翌年、GHQにより公職追放。のちに党を除名され、執筆活動に入る。著書に、『天皇制に関する理論的諸問題』『わが遺書』『神山茂夫著作集』など。
開戦当時36歳、治安維持法違反の疑いで拘禁中。

木山捷平
きやま しょうへい
（一九〇四年―一九六八年）
作家。東洋大学専門学部文化学科中退。のちに太宰治らと同人誌『海豹』を創刊。『抑制の日』『河骨』で芥川賞候補となる。戦中は、農地開拓公社嘱託として満州の新京に赴任。現地召集を受け兵役に就く。戦後、難民となるも帰国、作家活動を再開。『耳學問』『脳下垂体』が直木賞候補となる。戦時中の中国の体験をもとに、『大陸の細道』を執筆し、文部大臣賞を受賞。
開戦当時37歳、作家活動中。

阿部六郎
あべ ろくろう
（一九〇四年―一九五七年）

ドイツ文学者。京都帝国大学文学部ドイツ文学科卒。成城高校教授となる。『白痴群』の同人となり、小説「放たれたバラバ」を発表。河上徹太郎と共にシュストフの『悲劇の哲学』を翻訳。評論集『深淵の諸相』を執筆。ゲーテやニーチェの翻訳を手がけた。戦後は、東京芸術大学教授を務める。
開戦当時37歳、成城高校教授

山本周五郎
やまもとしゅうごろう
（一九〇三年—一九六七年）

作家。横浜市立尋常西前小学校卒。銀座の質店に徒弟として住み込む。その後、帝国興信所文書部に勤務。『文藝春秋』に「須磨寺附近」が掲載。その後、「馬込文士村」に移り住み、文筆活動に専念。『キング』に少年探偵ものや冒険ものを執筆。戦時中は、『婦人倶楽部』で執筆した「日本婦道記」が直木賞に選ばれるが辞退。戦後は、『樅の木は残った』（NHK大河ドラマ化）、『青べか物語』などを発表。
開戦当時38歳、作家活動中。

古川ロッパ
ふるかわろっぱ
（一九〇三年—一九六一年）

早稲田大学文学部中退。在学中に、菊池寛に招かれ、『映画時代』編集者として、文藝春秋に入社。声帯模写の宴会芸が好評を博し、喜劇役者に転向。浅草で劇団「笑の王国」を旗揚げ。エノケンと喜劇の人気を二分し、エノケン・ロッパ時代を築く。その後、東宝の立ち上げに招かれ、「唄う弥次喜多」「カルメン」が好評を博す。戦時中は、検閲や規制のため、苦しむが、戦後は、NHK紅白歌試合の白組司会で復活。
開戦当時38歳、コメディアンとして活躍中。

島木健作
しまきけんさく
（一九〇三年—一九四五年）

作家。東北帝国大学法学部中退。大学在学中に、労働組合運動に携わり、大学を中退。のち、農民運動に携わるが、三・一五で検挙され、翌年、転向。有罪判決を受けて服役するが、仮釈放。転向問題を扱った、『癩』『盲目』を発表。その後、出版した『生活の探求』が、知識階級の良心として迎えられ、ベストセラーとなる。開戦翌年には徴用されるが、身体検査で不採用。その後、病をおして『礎』を発表するが、肺結核のため、終戦の二日前死去。
開戦時38歳、作家活動中。

今日出海
こんひでみ
（一九〇三年—一九八四年）

作家。東京帝国大学文学部卒。在学中より、演劇、音楽活動に関わり、『文學界』の同人に加わると、評論、随筆、翻訳などを執筆。のちに明治大学教授となるも、開戦前に、陸軍報道班員に徴用され、マニラへ。戦時中はマニラへの米軍上陸によりルソンへ逃れ、帰国。戦後は、文部省で文化行政に関わり、初代文化庁長官となる。小説『天皇の帽子』で、直木賞受賞。
開戦当時38歳、マニラで陸軍報道班員として従軍するための準備中。

中野重治
なかのしげはる
（一九〇二年—一九七九年）

作家。東京帝国大学文学部卒。大学入学後、東大新人会に入会。マルクス主義に傾倒し、プロレタリア文学運動に参加。日本プロレタリア芸術連盟中央委員となる。その後、日本共産党に入党するも検挙され、転向。出獄後、『村の家』等、転向小説五部作を執筆。戦後、日本共産党に再入党、新日本文学会を創立し、執筆活動を再開、参議院議員となる。のちに、日本共産党を除名されるが、執筆活動を続けた。
開戦当時39歳、作家活動中

上林 暁
かんばやしあかつき
（一九〇二年—一九八〇年）

作家。東京帝国大学文学部卒。大学卒業後、改造社に入社。「現代日本文学全集」の編集に携わる一方、小説を執筆。『薔薇盗人』で高い評価を得る。その後、『安住の家』を発表、小説家としての名声を確立。戦中も作家活動を続け、戦後は、『聖ヨハネ病院にて』『春の坂』『白い屋形船』『ブロンズの首』などを発表した。
開戦当時39歳、作家活動中。

矢部貞治
やべていじ
（一九〇二年—一九六七年）

政治学者。東京帝国大学法学部卒。卒業後、小野塚喜平次博士に師事し、東京帝国大学法学部教授となる。近衛文麿のブレーントラスト「昭和研究会」に参加し、外交部会長を務めるかたわら、拓殖大学総長を務める。戦後は、公安審査委員会委員、憲法調査会副会長、行政審議会委員、中央教育審議会委員などを歴任。晩年は、政治評論家として活躍した。
開戦当時39歳、東京帝国大学法学部教授。

尾崎士郎
おざきしろう
（一八九八年—一九六四年）

作家。早稲田大学政治学科中退。大学在学中、社会主義運動に関わり、中退。大逆事件を取材した『獄中より』を時事新報の懸賞小説に応募し、入選。小説家となる。その後、ベストセラー『人生劇場』を執筆し、二十年に及ぶ長編シリーズとなる。開戦とともに、陸軍報道班員に徴用され、マニラへ。戦後は、公職追放となるが、『石田三成』『真田幸村』などの歴史小説を執筆し、横綱審議委員を務めた。
開戦時当時43歳、徴用され、陸軍報道班員として、マニラへ向かう船上。

井伏鱒二
いぶせますじ
（一八九八年—一九九三年）

作家。早稲田大学文学部中退。佐藤春夫に師事。『創作月刊』に「山椒魚」を発表。『ジョン萬次郎漂流記』で直木賞受賞。『文學界』同人となる。開戦に先立ち、陸軍報道班員として徴用され、マレーへ。その後、シンガポールで従軍し、昭南新聞編集に携わる。戦時中は、『おこまさん』『花の町』などを執筆。戦後は、『ななかまど』『駅前旅館』『珍品堂主人』『黒い雨』などを発表。
開戦当時43歳、徴用され、陸軍報道班員として、マレーへ向かう船上。

横光利一

よこみつりいち

（一八九八年―一九四七年）

作家。早稲田大学政治経済学科中退。菊池寛に師事し、『文藝春秋』創刊の編集同人となる。『日輪』『蠅』を発表し、文壇デビュー。新感覚派と称される。その後、『上海』『機械』などを発表し、名声を高める。太平洋戦争前より国粋傾向を強め、開戦前には、文芸銃後運動に参加。戦時中は、大東亜文学者会議に参加。戦後は、『夜の靴』を発表する。
開戦当時43歳、作家活動中。

金子光晴

かねこみつはる

（一八九五年―一九七五年）

詩人。早稲田大学高等予科文科中退。東京美術学校日本画科中退。慶応義塾大学予科文科中退。ヨーロッパ遊学ののち、詩集『こがね蟲』を発表。その後、翻訳で生計を立てるが困窮。上海、シンガポール、ジャカルタ、ジャワなどを旅行。『マレー蘭印紀行』を執筆。戦時中は、長男の徴兵を気管支カタルの発作を誘発させることで免れる。山中湖に疎開し、戦後は、『蛾』『落下傘』の作品群を執筆。『金子光晴詩集』『人間の悲劇』『ドクロ杯』『ねむれ巴里』『西ひがし』などを発表。
開戦当時45歳、作家活動中。

獅子文六

ししぶんろく

（一八九三年―一九六九年）

慶應義塾大学理財科予科中退。渡仏し、フランス新劇の観劇、研究に没頭。帰国後、「築地座」の顧問となり、脚本、翻訳で生計を立てるが、生活に窮し、小説を書き始める。報知新聞の連載小説『悦ちゃん』が評判となり、小説家として認知される。その後、劇団「文学座」を創立。戦時中は、真珠湾攻撃に「九軍神」の一人を描いた『海軍』を執筆。戦後は、新聞に『てんやわんや』『大番』を連載。『自由学校』『青春怪談』が、映画化される。
開戦当時48歳、作家活動中。

河合栄治郎

かわいえいじろう

（一八九一年―一九四四年）

社会思想家。東京帝国大学法学部卒。大学卒業後、農商務省に入省。日本の労働問題に取り組むも、容れられず辞職。その後、東京帝国大学助教授となり、経済学史を担当。英国に留学し、イギリスの理想主義的な社会政策を学び、取り入れる。しかし、国家主義的な政策が力を増すにつれ、大学内での軋轢が生じ、さらには、河合の著作『ファシズム批判』などが、内務省の発売禁止処分となり辞職。開戦時には、執筆活動に専念する状態に。その後、終戦をまたず、心臓麻痺により死去。
開戦当時50歳、研究・執筆活動中。

近衛文麿

このえふみまろ

（一八九一年―一九四五年）

政治家、内閣総理大臣。京都帝国大学法科大学卒。公爵、五摂家の長男。大学在学中は、マルクス経済学に造詣の深い河上肇に師事。卒業後、貴族院議員となり、大衆的な人気を得る。昭和研究会を主導し、革新的なブレーンを組織。中国政策が行き詰まると、推されて内閣を組閣するも、状況は好転せず総辞職。その後、二次、三次内閣を組閣し、大東亜共栄圏構想を掲げるが、対米交渉の行き詰まりにより、開戦前に総辞職。戦時中は、和平工作を模索するがかなわず、終戦後はA級戦犯として裁かれることとなり、裁判出頭前に服毒自殺する。
開戦当時50歳、政治家として活動中。

清沢洌

きよさわきよし

（一八九〇年―一九四五年）

ジャーナリスト。アメリカ研究留学より帰国後、東京朝日新聞記者となるも、対米協調路線、満州経営拘泥への戒め、自由主義的な論調などを批判され、退社に追い込まれる。フリーとなった清沢は、その後も、空疎な「東亜新秩序」や、ドイツとの連携の危険性を説くが、現実は、清沢の指摘を裏切ることとなる。戦時中、情報局は各総合雑誌への清沢の執筆を禁止。清沢は、『戦争日記』と題した詳細な日記を綴る。官僚主義の腐敗、ジャーナリズムの醜態、国民の対外事情への無知、社会的なモラルの急激な低下を綴ったその日記は、戦後、『暗黒日記』として出版される。終戦を迎えることなく、急性肺炎により死去。
開戦当時51歳、ジャーナリストとして活動中。

青野季吉

あおのすえきち

（一八九〇年―一九六一年）

早稲田大学英文科卒。読売新聞記者となるが、労働争議により解雇。その後、『心霊の滅亡』を発表し、文芸評論家となる。日本共産党に入党し、プロレタリア文学運動の指導理論家となるが、人民戦線事件で検挙され、転向。開戦の翌年、『回心の文学』を発表。戦後は、日本ペンクラブの再建に努め、日本文藝家協会会長を務める。『現代文学論』『文学五十年』などを執筆。
開戦当時51歳、作家活動中。

木戸幸一

きど　こういち

（一八八九年―一九七七年）

政治家。京都帝国大学法科大学卒。公爵木戸孝正の長男。農商務省に入省ののち、貴族院議員となる。近衛文麿の抜擢により、内大臣府秘書官長となり、昭和天皇の信頼を得る。宮中の重臣会議では発言力を持ち、東条英機内閣組閣の際は重要な役割を果たす。開戦時は東條内閣を支えたが、次第に和平派の中心人物となっていく。戦後は、極東軍事裁判で終身禁固刑となるが、のちに健康上の理由で仮釈放された。隠退。
開戦当時52歳、

室生犀星
むろうさいせい
（一八八九年—一九六二年）

作家、詩人。金沢市立長町高等小学校中退。金沢地方裁判所に給仕として就職。俳句・詩作を始め、のちに上京。萩原朔太郎らと詩誌『感情』創刊。小説「幼年時代」「性に目覚める頃」を掲載、『愛の詩集』『叙情小曲集』を刊行。次第に小説を多作するようになり、芥川賞選考委員となる。戦後は、半自伝的小説『杏っ子』『蜜のあわれ』などを発表。
開戦当時52歳、作家活動中。

中江丑吉
なかえうしきち
（一八八九年—一九四二年）

思想家。東京帝国大学法学部卒。中江兆民の長男。大学卒業後、袁世凱の憲法制定顧問となった有賀長雄の助手として北京に赴き、以後、西園寺公望、南満州鉄道の庇護を受ける他は、ほとんど門外に出ず、三十年余りにわたり、北京で中国研究及び、カント、ヘーゲル、マルクス、ウェーバーの原書を繰り返し読む生活を続けた。盧溝橋事件に際しては、これが世界戦争の序曲となると断言し、戦時中は近衛文麿、岡村寧次総司令官の招きにも応じず、日独枢軸側の必敗を公言した。開戦の翌年、肺結核により死去。
開戦当時52歳、研究活動中。

長與善郎
ながよよしろう
（一八八八年—一九六一年）

作家、戯曲作家、評論家。東京帝国大学文学部中退。武者小路実篤の同人『白樺』に参加し、「春宵」「亡き姉に」などを発表。『項羽と劉邦』で文壇の地位を確立、「青銅の基督」「竹沢先生と云う人」を発表。明治大学講師や、満鉄嘱託などを務め、戦時中は、『韓非子』『東洋の道と美』を刊行。第三回大東亜文学者大会では、日本団長となる。戦後は、『人間の探求』『吉利支丹屋敷』『わが心の遍歴』などを執筆。
開戦当時53歳、作家活動中。

折口信夫
おりくちしのぶ
（一八八七年—一九五三年）

民俗学者、国文学者。國學院大學国文科卒。大学卒業後、中学校の嘱託教員となるが、柳田国男の知遇を得て、上京、師事する。國學院大學内に郷土研究会を創設、その後、國學院大學教授となり、万葉集、源氏物語の講座を持つ。また、民俗学協会設立にかかわり、幹事となる。『古代研究』、小説『死者の書』、歌集『海やまのあひだ』などを発表。戦後、詩集『古代感愛集』を刊行。
開戦当時54歳、研究活動中。

木下杢太郎
きのしたもくたろう
（一八八五年—一九四五年）

詩人、劇作家。東京帝国大学医科大学卒。与謝野鉄幹の『明星』同人となり、耽美的な詩を詠む。その後、「パンの会」を立ち上げ、美術家、詩人、作家の交流の場となる。また、石川啄木の『昴』の編集を手伝い、戯曲集『南蛮寺門前』を掲載。その後、南満医学堂皮膚科教授、東京帝国大学教授などを歴任。この間、小説集『厥後集』、随筆『雪欄集』、紀行文集『其國其俗記』などを刊行。終戦の年、癌により死去。
開戦当時56歳、作家活動中。

東條英機
とうじょうひでき
（一八八四年—一九四八年）

首相。陸軍士官学校卒。陸軍歩兵少尉に任官ののち、陸軍大学校入学。卒業後、陸軍省動員課長、関東軍参謀長などを歴任。第二次、第三次の近衛内閣で陸軍大臣となる。首相任命の際は、天皇より、対米戦争回避に努力するよう直接指示され、その意志はあったが、ハル・ノートの中国からの即時全面撤退、満州国の存在の否定という見解に、開戦を決断。当初の勢いが失われ、敗色が濃くなると支持を失い、内閣総辞職。終戦後、極東軍事裁判により、A級戦犯として絞首刑となる。
開戦当時57歳、首相。

秋田雨雀
あきたうじゃく
（一八八三年—一九六二年）

劇作家、詩人。早稲田大学英文科卒。大学卒業後、『早稲田文学』に小説を発表。『劇と詩』を創刊し、戯曲集『幻影と夜曲』『埋もれた春』を刊行。島村抱月の「芸術座」幹事となる。のちに、「先駆座」結成に参画し、プロレタリア演劇運動の中心的存在となる。しかし、開戦が近づくにつれ、劇団の活動が制限され、自作の童話が発禁になるなど、厳しさは増していった。戦後は、舞台芸術学院院長を務める。
開戦当時58歳、作家活動中

高村光太郎
たかむらこうたろう
（一八八三年—一九五六年）

詩人、彫刻家。東京美術学校彫刻科卒。卒業後、ニューヨーク、ロンドン、パリに留学。帰国後、日本の旧態依然に不満を持ち、「パンの会」に参加。駒込にアトリエを建て、妻、智恵子とともに創作活動に専念。ブロンズ塑像「裸婦裸像」「手」などを制作、詩集『道程』を刊行するも、智恵子が統合失調症発症、死別。開戦の年、『智恵子抄』を発表。開戦に対しては熱烈に支持し、戦意高揚の詩を多数発表。終戦後は、その反省から、粗末な小屋に移り住み、独居自炊の生活を続ける。詩集『典型』を刊行。
開戦当時58歳、作家活動中。

斎藤茂吉
さいとうもきち
（一八八二年—一九五三年）

歌人、精神科医。東京帝国大学医科大学卒。在学中、伊藤左千夫に師事し、『アララギ』創刊に参加。森鷗外の観潮楼歌会に出席。大学卒業後、医科大学副手となり、そのかたわら、『アララギ』の編集を担当。『赤光』を刊行。欧州留学を経て青山脳病院院長に就任。『柿本人麻呂』を執筆。開戦時は、その高揚した気持ちを歌に詠んでいる。戦後も朝日新聞歌壇選者を務め、短歌への意欲を持ち続けた。開戦当時59歳、青山脳病院院長、作家活動中。

松岡洋右

まつおかようすけ

（一八八〇年—一九四六年）

外務大臣、政治家。オレゴン州立大学法学部卒。帰国後、外交官試験に主席合格。外交官となり、中華民国上海、関東都督府に赴任。その後、寺内内閣の総理大臣秘書官となる。満州を国家として認めず、国際管理下に置くという国際連盟の提案に、日本は、松岡を主席全権として派遣するも、日本批判決議が採択されると抗議し退場。その後、近衛内閣の外相となり、日独伊三国同盟、日ソ不可侵条約を締結。戦後は、A級戦犯として起訴されるが、結核のため死去。開戦当時61歳、政治家として活動中。

正宗白鳥

まさむねはくちょう

（一八七九年—一九六二年）

作家、評論家。早稲田大学文学科卒。読売新聞社に入社、文芸、美術、演劇を担当。『寂寞』で自然主義作家として文壇デビュー。その後、『何処へ』『微光』『入江のほとり』『生きざりしならば』などを執筆。島崎藤村、徳田秋声らと日本ペンクラブを設立。『文壇人物評論』『文壇五十年』といった評論も高い評価を得る。戦後も、『人間嫌い』『銀座風景』『日本脱出』といった作品を発表した。開戦当時62歳、作家活動中。

永井荷風

ながいかふう

（一八七九年—一九五九年）

作家。官立高等商業学校附属外国語学校清語科中退。広津柳浪に師事。歌舞伎座に座付き作者として入る。また、暁星学校でフランス語を学ぶ。『地獄の花』『夢の女』『女優ナナ』などを発表。その後、アメリカ、フランスに外遊し、帰国後、『フランス物語』『アメリカ物語』を執筆。森鷗外、上田敏の推薦で、慶応義塾大学教授となるも、のちに教授を辞し、新たな境地を開き、『つゆのあとさき』『濹東綺譚』といった作品を発表。開戦後は、時局をあえて無視するかのように過ごすも、罹災し、生活に苦しむ。戦後は、作品の執筆も減り、浅草通いなどが新聞を賑わすが、孤独な日々を送った。開戦当時62歳、作家活動中。

真崎甚三郎

まさきじんざぶろう

（一八七六年—一九五六年）

軍人。陸軍士官学校、陸軍大学校卒。ドイツ駐在武官、台湾軍司令官、参謀次長、大将、軍事参議官などを歴任。皇道派の中心人物で、相沢事件、二・二六事件の背後にいた人物とされる。二・二六事件では、反乱幇助の容疑で収容され軍法会議にかけられるが、無罪となる。開戦時には、予備役。終戦後は、A級戦犯として裁かれ、二年間収容された。開戦当時65歳、予備役軍人。

徳田秋声

とくだしゅうせい

（一八七二年—一九四三年）

作家。第四高等学校中退。尾崎紅葉に師事し、博文館編集部に職を得て、文筆活動に入る。讀賣新聞連載の『雲の行方』が出世作となる。その後、自然主義文学の風潮に乗り、『新世帯』『足迹』『黴』『爛』『あらくれ』といった作品で、自然主義文学の代表作家となる。その後、プロレタリア文学の興隆のなかで、自然主義文学は勢いを失うが、その後、『町の踊り場』『和解』『死に親しむ』といった作品で、再び脚光を浴びる。『勲章』『仮装人物』を発表し、開戦の年には、都新聞に『縮図』を連載するが、情報局より時局柄好ましくないという干渉を受け未完に終わる。戦時中に、癌により死去。開戦当時69歳、

鶯亭金升

おうていきんしょう

（一八六八年—一九五四年）

ジャーナリスト、戯作者。慶応四年生まれ。服部波山の私塾で、書、画、漢学を学ぶ。団団珍聞の主筆、梅亭金鵞に師事し、団団珍聞の編集に従事。万朝報、都新聞、東京毎日新聞などで、戯作、落語、狂歌、川柳などを書き、また、都々逸、狂句の選者を務めた。長唄、常盤津の作詞もした。戦後には、『明治のおもかげ』を出版している。開戦当時73歳、執筆活動中。

幸田露伴

こうだろはん

（一八六七年—一九四七年）

作家。電信修技学校卒。電信技師として北海道余市に赴任するが、坪内逍遥の『小説真髄』『当世書生気質』と出会い、文学の道に志す。のちに職を放棄し帰京。『露団団』を書き、淡島淡月を介して、『都の花』に掲載される。その後、『風流佛』『五重塔』を発表し、作家の地位を確立。『ひげ男』『新羽衣物語』『一国の首都』といった作品で、尾崎紅葉と人気を二分する紅露時代を迎える。また、中国古典を踏まえた、『幽情記』『運命』などの作品も残している。開戦当時74歳、作家生活中。

徳富蘇峰

とくとみそほう

（一八六三年—一九五七年）

ジャーナリスト。同志社英学校中退。自由民権運動に参加し、大江義塾を開設。平民主義を説くのち、『将来之日本』を刊行し、一躍新進評論家として注目を浴び、民友社を設立し、雑誌『国民之友』を創刊。さらには『国民新聞』を創刊。『新日本之青年』を刊行し、明治青年のオピニオンリーダーとなる。日清戦争以降、国家主義的な膨張主義を認める論調に転じ、太平洋戦争開戦に際しては、東条英機首相の依頼により、大東亜戦争の詔書を添削した。戦中は、大日本言論報国会会長となり、言論統制に協力していった。開戦当時78歳、ジャーナリストとして活動中。

始まりは、大々的には始まらない

武田砂鉄

　有事。何をもって有事とするかの基準はないけれど、二〇一一年の東日本大震災を思い出す時、あの有事について真っ先に思い出す光景は、大破した原発でも、どす黒い津波でもなく、賑わうホルモン焼きの店だ。

　自分の記憶を捏造するわけにはいかない。国立競技場のそばにある出版社に勤めていた自分は、あの日、東京郊外にある自宅まで2時間くらいかけて歩いて帰った。ちょうどその日でアルバイトを辞めることになっていた女性と方角が一緒だったので、辞めた後の展望を聞きながら、ただひたすら歩き続けると、家からそう遠くない場所にある、気になっていたホルモン焼きの店にさしかかった。時間にして一八時くらいだったはずだが、店はとても繁盛していた。活気に満ちていた。

「ヤバーい」との声がこぼれ、それは東北の惨状を知って叫ばれたものなのか、ホルモンの味への評価なのかは分からなかったが、おそらく後者だったのだろう。家に帰り、散乱する本やCDをそのままにテレビをつける。その場に座り込んだまま、ずっと朝までテレビを見続けた。夫婦2人の家に、近くに住む友人女性がやってきて、緊急地震速報が鳴る度に手をつないだ。翌朝、彼女は、土曜日だというのに、仕事が間に合わないと自転車で会社に向かった。

「正常性バイアス（normalcy bias）」という心理学の用語がある。有事に直面した人間がこんなことはありえないという先入観や偏見を強めることで、眼前の物事を、あくまでも正常の範囲であると認識する心のメカニズムのこと。繁盛しているホルモン焼きの店はそのメカニズムを具現化したような光景だったし、その光景を見て、今度行こう、と思った自分も同様である。あの日からずっと抱え持っている後ろめたさには、店から漏れる煙、そこで漂っていた、そそられる香りが付着している。

起こしてしまった悪しき戦争をいかにして受け止めるかは、文学者にとっての大きな命題であり続けてきた。文学は有事に反応する。玉音放送を聞いた日のことを、その想いを、数々の作家が記してきたし、敗戦・終戦は戦争文学の基点ともなった。異常から日常を取り戻そうとする手つき。

その手つきと共に言葉があった。だから私たちは今、残された言葉から、その光景を想起し直すことができる。しかしながら、終わり方ではなく、戦争の始まり方をどう体感したかについての着眼を、本書のようにまとめて得たことはなかった。この企画を聞かされた段階では、さぞかし重々しい絶望が個々人を襲ったのだろうと推測したが、いざ、読み進めると、そこには、日常を揺さぶられまいと力む言葉があれば、むしろ歓待し、テレビゲームのリセットボタンを押すような快感を覚えている言葉すら見受けられた。それこそ正常性バイアス、これから起きようとしていることは、私たちの日常にとって必要なことなのだと、どこか清々しく受け止められていた。

ええ、そうなると思ってましたよ、こうなるべきだったんですよ、とそのまんま受け止める。泥沼へ足を突っ込むのではなく、リセットボタン。あえて俗っぽくいえば、ワクワクしてすらいたのだ。

「今日みたいにうれしい日はまたとない。うれしいというか何というかとにかく胸の清々しい気持だ」(黒田三郎)

「いよいよはじまつたかと思つた。何故か體ががくがく慄へた。ばんざあいと大聲で叫びながら駈け出したいやうな衝動も受けた」(新美南吉)

「私は周囲の世界が、にわかに、見たこともない風景に変わるのを感じた」（加藤周一）
「原稿書きかけたが進まず、赤い太陽没す。銀杏やポプラの葉を少々のこしている。宮下湯の煙は北なびく、軒ではブヨがしきりにまっている」（木山捷平）

何かが変わろうとしている、でも、自分の周辺は変わっていないと、どこかで「いつも通り」を残しているようにも聞こえる。戦争が始まったことを、自身にぶつけて深刻に引き受ける人はさほど多くはなかった。のちに太平洋戦争下の備忘録『暗黒日記』を記したジャーナリスト・清沢洌のように「けさ開戦の知らせを聞いた時に、僕は自分達の責任を感じた。こういう事にならぬように僕達が努力しなかったのが悪かった」と、その先に見える窮状を察し、即座に後ろめたさを抱えた人は稀だった。

私たちは歴史を学ぶ時、まず、その結果を教わる。戦争ならば、いつまで戦って、どこが勝って、誰が殺されて、どことどこが仲違いしたままになってしまったのか、を知る。その知識をテストに記して、正解の◯をもらってきた。だが、あらゆる事象は、始まらなければ起きるはずがない。なぜ起きたのか。開戦を知った人たちの多くは、これで閉塞感が打破されるのではないかと、内心に希望を含ませていた。勝つ・負けるというより、よし、これで変わる、という期待感を持っていた。これで変わるけれど、ひとまず自分の日常は保たれる。緊迫感は増すけれど、身の回りが激変することはない、そう信じ込む人も少なくなかった。

「十一時起される。起しに来た女房が『いよいよ始まりましたよ。』と言ふ。日米つひに開戦。風呂へ入る、ラヂオが盛に軍歌を放送してゐる。……それから三時迄待たされ、三時から支度して、芝居小屋のセットへ入ったら、暫くして中止となる、ナンだい全く」(古川ロッパ)

開戦の日、そこかしこで、「ナンだい全く」という感覚が広がっていたのかもしれない。大変なことになった、とは思っている。どうなるのだろう、と不安に感じている。負けるはずがない、と居丈高になっている。居丈高になったあとで、不安に戻る。だから、ひとまず日常を確保しようとした。「ナンだい全く」と呆れてみせる。それは、あの日、ホルモン焼きの店を見て、ここの店おいしそうと思ったのと、おそらく変わらない。とんでもないことになったとわかった時、わたしたちは、これはとんでもないことだ、と思わないようにする。これはいつもの毎日と変わらないのではないかと信じようとする。どこかで日常を保とうとしていた七年前を思い出す。始まりは、こうして、大々的に始まらないものでもあるのだ。有事には、ひとまず日常が幅を利かせるのだ。

朝《あさ》、目《め》覚《ざ》めると、戦《せん》争《そう》が始《はじ》まっていました

2018年8月14日　第1版第1刷発行

編　者――方丈社《ほうじょうしゃ》編集部《へんしゅうぶ》

発行者――宮下研一

デザイン――中川真吾

発行所――株式会社　方丈社

〒101-0051

東京都千代田区神田神保町1-32　星野ビル2F

Tel.03-3518-2272／Fax.03-3518-2273

http://www.hojosha.co.jp/

印刷所――中央精版印刷株式会社

*落丁本、乱丁本は、お手数ですが弊社営業部までお送りください。送料弊社負担でお取り替えします。

*本書掲載文の著者、神山茂夫、内田信也、木戸幸一、各氏の著作権継承者の方は、連絡先が不明のため、お手数をおかけしますが、弊社までご連絡をいただけますよう、お願い申し上げます。

 ISBN978-4-908925-34-4